Zhongguo Wenhua
Zhishi Duben

中国文化知识读本

古代车马

吉林出版集团有限责任公司

吉林文史出版社

主编 金开诚

编著 吴 迪

图书在版编目（CIP）数据

古代车马 / 吴迪编著. —— 长春：吉林出版集团有
限责任公司：吉林文史出版社，2009.12 （2023.4重印）
（中国文化知识读本）
ISBN 978-7-5463-1707-6

Ⅰ.①古… Ⅱ.①吴… Ⅲ.①古代交通工具－简介－
中国 Ⅳ.①K875.3

中国版本图书馆CIP数据核字(2009)第236883号

古代车马

GUDAI CHEMA

主编／金开诚　编著／吴迪

项目负责／崔博华　责任编辑／曹恒　崔博华

责任校对／王明智　装帧设计／曹恒

出版发行／吉林出版集团有限责任公司　吉林文史出版社

地址／长春市福祉大路5788号　邮编／130000

印刷／天津市天玺印务有限公司

版次／2009年12月第1版　印次／2023年4月第4次印刷

开本／660mm×915mm　1/16

印张／8　字数／30千

书号／ISBN 978-7-5463-1707-6

定价／34.80元

前　言

　　文化是一种社会现象，是人类物质文明和精神文明有机融合的产物；同时又是一种历史现象，是社会的历史沉积。当今世界，随着经济全球化进程的加快，人们也越来越重视本民族的文化。我们只有加强对本民族文化的继承和创新，才能更好地弘扬民族精神，增强民族凝聚力。历史经验告诉我们，任何一个民族要想屹立于世界民族之林，必须具有自尊、自信、自强的民族意识。文化是维系一个民族生存和发展的强大动力。一个民族的存在依赖文化，文化的解体就是一个民族的消亡。

　　随着我国综合国力的日益强大，广大民众对重塑民族自尊心和自豪感的愿望日益迫切。作为民族大家庭中的一员，将源远流长、博大精深的中国文化继承并传播给广大群众，特别是青年一代，是我们出版人义不容辞的责任。

　　本套丛书是由吉林文史出版社和吉林出版集团有限责任公司组织国内知名专家学者编写的一套旨在传播中华五千年优秀传统文化，提高全民文化修养的大型知识读本。该书在深入挖掘和整理中华优秀传统文化成果的同时，结合社会发展，注入了时代精神。书中优美生动的文字、简明通俗的语言、图文并茂的形式，把中国文化中的物态文化、制度文化、行为文化、精神文化等知识要点全面展示给读者。点点滴滴的文化知识仿佛颗颗繁星，组成了灿烂辉煌的中国文化的天穹。

　　希望本书能为弘扬中华五千年优秀传统文化、增强各民族团结、构建社会主义和谐社会尽一份绵薄之力，也坚信我们的中华民族一定能够早日实现伟大复兴！

目录

一、古代车马的产生与发展

我国是一个幅员辽阔的国家。几千年来，我们的祖先生活和繁衍在这块神州大地上，用他们的勤劳与智慧，谱写出了中华民族几千年的文明史。在先民的众多智慧结晶中，车马作为早期的交通工具，对整个文明进程产生过重大的影响。从最早的产生到后期的逐步发展，我国古代的车马经历了一系列的发展与演变。

（一）早期交通工具与车马的最早产生

我国是人类文明的发祥地之一。在远古时代，我们的祖先就学会了制造工具，也开始了他们改变世界的进程。随着社会生产力

车马作为早期的交通工具，对整个文明进程产生了重大影响

马是古时人们的代步工具

我国古代车马历经了一系列
的发展与演变

古代车马的产生与发展

独木舟

的不断进步，社会大分工的出现以及货币的产生，更加促进了商品的交换。而随着社会分工越来越细，交通逐渐成为一种相对独立的专门行业。

由于对水这种基本生存资料的依赖，古代的人们大多是沿河而居的。为了适应捕鱼、渡河的需要，最早的水上交通工具——独木舟便应运而生。有了独木舟，人们活动的领域大大增加了。同时，随着畜牧业的发展，人们开始懂得利用驯养的动物，如牛、马等，代替人力运送货物，还可以供人骑乘。这一时期，这些能够驮运物品的动物就成为了人类重要的运输

工具。随着社会生产力的发展，另一种重要的运输工具——"橇"产生了。之后，人们在生产实践的过程中发现了圆木能够滚动的特性，于是人们在橇的木板下安放圆木，以滚动代替滑动，相传这就是后来的"车"的雏形。

中国人何时开始使用车马，目前尚无定论。但是在今天能见到的文献中，就有关于我国在夏朝就出现了用马驾车的记载。相传中国人在距今大约五千年前的黄帝时代就已经创造了车。传说中最早的车就是以圆木作为车轮，称为"辁"。在大约四千年前，当时

传说中最早的车是以原木为车轮，非常笨重

的一个薛部落就以造车闻名于世。《左传》中也有关于薛人奚仲担任夏朝"车正"这一官职的记载。车正是夏朝时主管战车、运输车的制造、保管和使用的一种官职，今天看来，车正应该是我国早期主管交通事务的专职人员。《墨子》《荀子》《吕氏春秋》等书中也都记载了奚仲造车的事。

据传，夏启登位后不久，就假借天神的意志攻伐有扈氏，其过程中就使用了大批的战车与运输车。夏朝末年，商汤在讨伐夏的战争中，也使用了大量的战车、运输车等，并且最终推翻了昏君夏桀的统治，建立了商朝。商代战车的使用已经十分普遍，车辆制造技术也有了很大的提高，能够制造非常精美的两轮车。根据发掘的甲骨文中的许多"车"字，可以看出当时的两轮车的构造已经比较复杂，显示出了当时高水平的造车技术。

（二）先秦时期车马的大发展

在商代，车辆的使用已经十分普遍，贵族下葬时通常都有成套的车马陪葬。在今天的河南安阳，曾经发掘出商代的马车坑。这些马车有一车四马二人的，也有一车二马三人的，还有一车二马一人的，表明了当时的车马种类已很丰富。《说文》中说，商代有三匹马拉的车，叫做骖；到了

殷墟博物苑车马坑

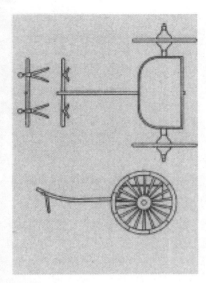

西周战车复原图

周朝时，周人增加了一匹，成为驷。而在河南浚县辛村周墓出土的 12 辆车，马骨达到 72 架，这就说明了当时已有六匹马拉的车，可见其发展程度。春秋战国时期，车辆制造业发展很快，今天能看到的史书中就有这方面的相关记载。如《墨子》中说，春秋各国造的大车，能装 50 石谷子而运转灵活，即使是长途运输，车轴也不会弯折。战国时期，人们又对车进行了大的改进，车辕由单辕改为双辕，这样车就更加牢固，载重量也更大了。

总的说来，先秦时期的车可分为大车和小车两大类。古人常说"服牛乘马"，可见除了马车之外还有牛车。一般说来，驾马、车厢小的叫做"小车"，驾牛、车厢大的叫做"大车"。小车也叫轻车或戎车，主要用于战争，其余时候也供贵族出行使用，而牛车主要用来运载货物。战国时，由于车战的发达，战车的多少成为衡量一个国家强弱的重要标志，有所谓"百乘之国""千乘之国"的说法，这里一车四马为一"乘"，也就是我们主要介绍的"车马"。

为什么我们说"车马"而不说"马车"呢？这是因为先秦时期的车与马是相连的，

在我国古代，车、马是一个整体

是一个整体，没有无马的车，也没有无车的马。就当时的社会状况来说，所谓的乘马也就是乘车，所谓的御车也就是御马。而如果说"马车"，可能会让人产生误解，以为它只是古代的车的一种，即马拉的车，但事实则不然。今天我们在古书上也常见车马并举。例如《论语》中有"齐景公有马千驷"这句话，这里不在于强调他有四千匹马，而是要说明他有一千乘车。

总之，先秦时期我国古代交通已经初具规模，造车的技术已经非常成熟，《考工记》一书中就对车轮制造的平稳、耐磨提出了要

玉车马

求。而到了秦代，全国性的交通网开始形成，随着"车同轨"这一重要法令的颁布与实施，我国古代车马有了进一步的发展。

（三）秦汉以后车马的发展演变

秦汉时期，全国性的水陆交通网络开始形成，这不得不说一定程度上得益于秦始皇的"车同轨"政策。秦始皇统一中国后，颁布了"车同轨"的法令，车辆的制造随之进入标准化阶段，过去杂乱的交通线路也得以整修和联结，建成了遍及全国的驰道，使车辆的行驶更加畅通无阻。

秦代时，战车仍是主要的作战工具。今天

位于陕西的秦兵马俑坑就曾出土驷马战车一百多辆，也为我们展现了两千多年前的车马原貌。秦陵出土的两件大型彩绘铜车马，其大小是当时真车马的二分之一，完全仿制当时的车马。一号车为立乘之前导车，长2.25 米，高 1.52 米，单辕双轭，驾有四马。车舆呈长方形，车上置一圆形铜伞，伞下立一御马官俑，双手执辔。二号车为坐乘之安车，长 3.28 米，高 1.04 米。车厢分前后两室，前室为驾驶室，内有一跽坐的御马官俑，腰际佩剑，执辔前视，后室为乘主坐席。车厢上有椭圆形车盖，同样为单辕双轭，前驾四

秦始皇陵出土的青铜马车

汉代张衡发明的记里鼓车

匹铜马。从这两件珍贵的文物中，我们不仅看到了秦代车马的具体形态与古代车马的重大发展，还不得不感叹于两千多年前车马制造技艺之精湛。

到了汉代，战场上多以骑兵为主，而战车逐渐消失了。车的种类增多，但主要用于载人载物。供人乘坐的车辆也发生了结构上的变化，单辕车逐渐被两辕车取代。汉朝皇帝乘坐的是"辂车"和"金根车"，是当时最高级的马车。值得一提的是，东汉和三国时期出现了独轮车，这是一种便捷实用的交通运输工具，在交通史上是一项重要的发明。今天有人认为，史书中记载的诸葛亮曾使用过的"木牛"，就是当时一种特殊的独轮车。此外，汉朝著名的科学家张衡发明了举世闻名的记里鼓车，这种车能够通过车上的小木人击鼓的次数来报告行车的里程。三国时期的马钧也是一位卓越的发明家，他发明了指示方向的指南车，是在当时有着重大意义的一项发明。关于指南车的发明，还有这样一个故事。传说在上古时期有两个部落，一个姓姜，首领是炎帝；一个姓姬，首领是黄帝。有一个首领叫蚩尤的九黎部落，经常侵袭

姜姓和姬姓部落。于是黄帝和炎帝带领两个部
落联合起来抵御蚩尤，他们凭借黄帝造的指南
车指示方向，大败九黎部落，生擒了蚩尤。但
这毕竟只是一个传说，指南车什么时候出现的，
最早又是由谁发明的，始终没有人知道。相传
马钧听闻指南车的传说后，始终坚信指南车确
实存在过，只要肯用心摸索，重造指南车并不
难。他不顾别人的议论与不解，全心钻研，终
于研制出新的指南车。这种车由车子和一个小
木人组成，依靠指南针的原理与特殊的机械构
造，不管车辆朝什么方向走，小木人的手都指

相传黄帝是靠着指南车才
打败蚩尤的

《步辇图》中的轿子

向南方。记里鼓车和指南车的发明是我国古代车辆制造史上的辉煌成就。

早期的车辆多以马拉，而魏晋南北朝时，颠簸较小、乘坐相对舒适的牛车开始流行。从宋朝开始，轿子逐渐流行。这种以人力的非轮式机械代替畜力的轮式机械的做法，从科学的角度来看无疑是技术上的退步，也正因如此，客观上抑制了载人车辆的继续发展。这一时期车辆的制作和改进得不到重视，制车技术的重点也逐渐由乘人的车转到载货的车。中国古代的造车技术出现了停滞，古代车马的发展演变也趋于沉寂了。

二、古代车马的组成与构造

古城墙上的车马浮雕

从今天能见到的出土文物以及文献记载中，我们不仅能看到古代车马的原貌，还能够了解其各个部件的结构、名称以及功能。知道了古代车马的组成与构造，不仅能让我们更好地体会古代造车技艺的精湛，还能帮助我们进一步了解古代乘车与驾马的相关知识。

（一）马车的构造

古代马车结构复杂，这里就对马车的有关部件加以介绍。

古代马车载人部分的车厢叫"舆"，舆的前面和两旁以木板为屏蔽，乘车的人可以从舆的后面上车。车身上拴有一根绳子，叫做绥，是供人上车时用手拉的。《论语》中就提到，孔子"升车必正立执绥"。由于车厢大小有限，古人乘车是站在车舆立的，称作"立乘"。舆前部有一横木，起到扶手的作用，叫做轼。古人在行车途中用扶轼俯首的姿势表示敬礼，这种敬礼方式叫做"式"。一般马车的车厢上有圆形的车盖，用一根木棍支撑，形状像今天的大伞，主要是用来遮雨的。据说古代妇人乘坐的车，舆的四周往往要加上帷。后来车盖逐渐消失，而在帷上加了顶，叫做幔，类似于现代的车篷。

普通马车的车厢上有圆形的车盖，形状似大伞，用于遮雨

车的运转要靠车轮。车轮的中心是一个有孔的圆木，叫做毂。毂上的孔是用来穿轴的。车轮的边框叫做辋，辋和毂由辐连接在一起，形成两个同心圆。辐是一根一根的木条，一端接辋，一端接毂，车轮的辐条有多有少，一般为30根。《老子》中就说："三十辐，共一毂。"四周的辐条都向毂集中，这叫做辐辏。后来"辐辏"一词引申为从各方聚集的意思，《汉书》中说的"四方辐辏"，用的就是"辐辏"的引申意义。车轴是一根横梁，上承车舆，两端接车轮。舆的底部安有两块木头，车轴就是用绳索捆绑在木头上以达到固定车轴的效果。这两块木头形状像是趴伏的兔子，所

古代车轮

古代车轮上的辐条

以叫伏兔，也叫。轴的两端露在毂外，末端套有青铜或铁制的轴头，叫做軎，又叫轨。为了防止车轮外脱，轴头上还插有一个三四寸长的销子，一般是青铜或铁制，呈扁平长方形，叫做辖。辖是个很重要的零件，《淮南子》上就提到，"夫车之能转千里所者，其要在三寸辖"，就是说车之所以能够行驶千里，辖是发挥着重要作用的。

《考工记》中曾经明确规定了制作车轮的几点技术要求。一，用工具规尺对车轮进行准确的测量，保证其外形为正圆形，否则轮子与地

古代马车车厢

的接触面就不能尽量小，因而也就转不快。二，轮子平面必须平整，可以将轮子放在平面上进行检验，看是否能彼此密合。三，用悬线查看辐条是否笔直。四，将轮子放在水中，看其浸入水中的部分是否相同，通过浮沉一致来确定轮子各部分的均衡。五，同一辆车的两个轮子的尺寸和重量都要一样。六，轮子的整体结构要非常坚固。七，车毂的粗细、长短要适宜，不同用途的车辆应选用不同尺寸的毂。八，轮子的直径要适中，太大或太小都不实用。九，车轴需符合选材精良、坚固耐磨、转动灵活三个标准。十，整个车轮的用材必须是坚实的木料。由此可见，当时对车轮制造的技术要求是十分严格的，是符合科学原理和实际应用的需要的。除此之外，《考工记》中还对车舆等车辆其他部件的材料、连接方式等作了具体的介绍，更对不同用途的车辆的要求作了详尽的叙述。

除了上面介绍的车舆、车轮等主要部件外，完整的古代车马还包括很多其他构件。辕是驾车部分的重要构件，通常是一根直木或者稍弯曲的木杠。一般说来，夹在牲畜两旁的两根直木叫辕，主要适用于大车；而适用于小车的、驾在当中的单根曲木就叫做辀，

《考工记》中有关车舆等的介绍

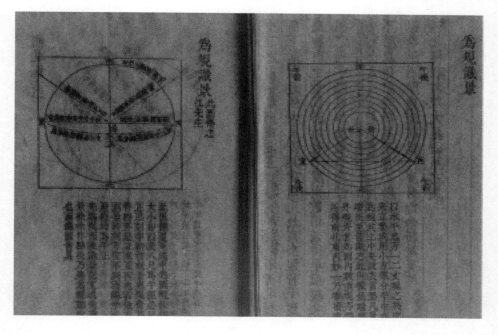

辀与辕是同义词。辕的后端与车轴相连，前端拴着一根弯曲的横木，架在牲畜的脖子上，叫做轭。轭与衡是同义词，二者区别仍然在大车与小车之分上。轭用于大车，衡用于小车。车辕的前端和轭相连的销子叫做。同样，用于大车的叫做，用于小车的则叫做。

需要特别说明的是轫。它本身不是车子的构件，但却是不能缺少的一部分，是阻止车轮转动的一块木头。行车前要先将轫木拿开，车子才能正常行驶。所以起程又叫"发轫"，引申开来，"发轫"就泛指事情的开端了。

此外，古代车马还常常有许多装饰性的附件，如装在衡和轭上的响铃，叫做"銮"。

古代车马复原图

在西周时期，最高级的马车上要装八个銮，走起来声音很好听。古车上的许多部件制作精美，如有的铜车軎，甚至用金银丝镶嵌成美丽的纹饰，异常华丽。

（二）乘车与驾马

马车具有快速、灵活的特点，在畜力车中占有重要地位。据说世界上最早的马，高仅一尺左右，相貌和现代的狐狸差不多。经过上千万年的自然进化，特别是通过上百万年的人类培育，马才变成供人骑乘和作为车辆动力使用的家马。

我国古代一直习惯用马来驾车，马车的出现至少可以追溯到4000年以前。先秦

马车具有快速灵活的特点

古代车马的组成与构造

时期马和车是一个整体，专门用来拉车。夏朝时期的驯马驾车技术就达到了一定的水平。到了商朝，马车进一步发展，出现了有辐条的车轮。春秋战国时期，马拉战车的多少成为衡量国力的标志。在当时社会，养马、鉴别马的知识得到重视与传播。西汉时，为了得到马，国家专门颁布法令，要求家家养马，不许10岁以下的马出关出界。有时为了争夺剽悍强健的好马，不惜发动战争。东汉著名将军马援，深刻认识到"马者，甲兵之本，国之大用"，而他认为，学习相马的知识，"传闻不如亲见，视影不如察形"，于是他认真总

古代战车车马（刺绣）

古代战马膘肥体壮

结前人的相马经验，铸成了铜马一尊，集中良马的各种优点于一身，使人能一目了然掌握识别良马的技巧。马援铸的铜马模型被称作"名马式"，受到当时朝廷的高度重视。到了魏晋南北朝时期，在用马方面又有了新的改革，六朝人发明了马镫。古代人骑马不用镫，因此体力消耗很大，而马镫发明之后，骑马就很方便了。这个极其简单但实用价值巨大的发明，使后世人们受益无穷。英国科技史家李约瑟说：马镫传到欧洲，促进了欧洲人

的骑兵建设。

　　驾驭马车也是一门学问。先秦时的"六艺"中有一门叫做"御"，就是指驾驭马车的本领。车行进时，驾驶马车的车工要把马缰绳汇总握在手中。《诗经》中有"执辔如组"的诗句，"如组"就是说把八根缰绳握在两手中，就像一组绳一样，以达到用力均匀的效果。赶马的鞭子也有两类，皮条制成的叫鞭，竹条制成的叫策。今天我们常说"鞭策"一词，就是由抽打马的意义引申而来的。在我国古代，人们十分重视驾驭之术，古书中也有不少关于驾车高手的记载。《左传》记述战争情况时，总要交代双方主将的御手，也就是驾车之人。

驾驭马车也是一门学问

古代车马

古人乘车以左侧为贵。一般而言，一车有三人，尊者在左，御者在中，另有一人在右陪乘，叫做骖乘，又叫车右。兵车情况则不同。如是将帅之车，则是主帅居中，以便于指挥，御者在左，另有一人在右保护主帅，叫做车右。如是一般兵车，则是御者居中，左边甲士一人持弓，右边甲士一人持矛，相互配合作战。驾车的马如果有三匹或四匹，则有骖服之分。两旁的马叫骖，中间的马叫服。

中国古代车马的系驾法大体经历了三个主要的发展阶段：轭车引式系驾法、胸带式

驾车很有讲究

系驾法和鞍套式系驾法。中国先秦时期的独辀
车轮大，自辀至轴的连线接近于水平状态，以
车引传力拉车，马的力量能够集中使用，减少
无谓的分力。马的承力点在肩胛两侧，辀是受
力的部件，所以不会压迫马的气管，车子进行
速度加快时，也不影响马的呼吸，从而使马奔
跑自如。

三、我国古代的车马制度

中国古代的车马制度是非常严格的。在车马的设计上，小到马身上的装饰品，大到车舆的尺度，无不体现着森严的等级观念。在阶级社会中，有很多事物可以标识身份，如服装、建筑、佩饰等，但是车马在中国古代是象征身份地位的最高代表。身份不同的人，乘坐的车马规格是有严格区别的。西周时期是中国古代礼制发展的重要时期，我国古代的车马制度也是在这一时期产生的。

（一）先秦时期车马的分类

常言道："一言既出，驷马难追。"意思是一句话出了口，就是套四匹马的车也追不上。这里的"驷马"并不是单指马，而是一套车马

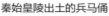

秦始皇陵出土的兵马俑

先秦时期驾四马的车
最为普遍

的总称。为什么表示速度快要说"驷马"呢？
这源于我国先秦时期的车马分类。

从文献的记载和考古发现来看，先秦时
期驾四马的车最为普遍，称作"驷"，同时，
驾三马的叫骖，驾二马的叫骈。今天的考古
发现能够证明，在商代有两马驾车的情况，
但是先秦文献中没有这方面的记载。相比之
下，驾三马或四马的车较为常见，特别是到
了周代，都是四马驾车。因此，"驷马"就成
为了车马的代称。

前面我们提到过，先秦时期的车可分为

古代战车

大车、小车两类。大车也就是驾牛的车，主要用来运载货物。小车是马车，主要用作战车和贵族出行用车。春秋时代，用于作战的车和平时乘用的车已经逐步分开，作战车辆也有了许多种。《孙子兵法》中说："驰车千驷，革车千乘。"驰车，也叫轻车。据考古发现，春秋时期的车轮直径比商代和西周都有所缩小，车的形体变小，有利于车的机动，所以驰车的速度比较快，驷马的驰车也就成了快的代名词。所以就有了后来人们熟悉的俗语"一言既出，驷马难追"了。

四马驾的车，中间驾辕的两匹马叫服马，主要用来控制车的方向。服马两侧的两匹马叫骖马，骖马不与车体相连，而是用马身上的皮带来拉动车辆。

（二）乘舆制度与等级划分

乘舆泛指车马，也借指帝王，或特指天子和诸侯所乘坐的车子。中国古代车马的礼仪基本在商周就已确立。考古发掘中发现不少级别不同的车舆，反映出古代乘车中等级森严的制度。在我国境内发现的年代最早的车子实物是河南安阳殷墟出土的商代晚期的马车，目前已发现数十辆。这些马车距今已

古代乘舆等级制度森严

我国古代的车马制度

车马是身份与等级的标识

有三千多年的历史，多被埋葬于贵族的墓葬旁边，一般一座车马坑中埋放 12 辆车。多数马车上有青铜制作的车马器，有的车箱内还有兵器和驾驭马车所用的器具。这些考古发现不仅能让我们认识先秦时期车马的构造，也能为我们进一步了解我国古代的车马制度提供帮助。

西周时期是中国古代礼制发展的重要时期，是礼乐文化的繁荣阶段。中国古代的许多制度都始于西周时期，车马制度也不例外。当时，马车除被继续用于作战之外，还被作为身份与等级的标识。据周代的礼书记载，从周王到诸侯、卿大夫，依据其身份的不同而在车子的结构、驾马的数量、车马器的形制、车子的装饰等方面有严格的区别。在周代的贵族墓葬旁边，常可发现附葬的车马，坑内埋放车马的数量和旁边贵族墓葬的规模和随葬品相匹配。迄今所见西周时期的车马坑埋放车最多的可达十余辆。

古人曾相信驾马数是与身份相对应的，周代规定"天子驾六马，诸侯驾四，大夫三，士二，庶人一"。身份不等的人，乘坐的车马规格是有严格区别的，天子乘

的车称为辂车，极尽豪华；诸侯乘较大的辎
车或轻便的轺车。当诸侯立功时，车马会成
为天子赏赐给立功者的奖品。车马的数量、
车舆的大小、车行仪仗的规格、车旗的颜色
等等都是区别地位的标识，可谓是礼节繁缛。
这种复杂而具体的乘舆制度是周礼的重要组
成部分，也是后代王朝礼仪制度的重要内容。
在周代，必须是有一定身份者才具有乘车的
资格，而且所乘车必须与乘坐者身份相符，
否则便是失位。《左传》中记载的："蔡侯、
许男不书，乘楚车也，谓之失位。"就是说
古代乘车失位的事。春秋战国时期，拥有战

天子驾六马，且极尽豪华

车的数量成为衡量列国军事实力的标识之一，因此当时有"千乘之国""万乘之国"的说法。直到战国晚期，骑兵才逐渐取代战车成为东周列国主要的作战手段。

春秋之世，礼崩乐坏。由于周王室的衰微，诸侯间僭越的事时有发生。湖北枣阳九连墩战国墓地的主人应为楚国的诸侯或为卿大夫，属于僭越周礼使用了驾六马的待遇，陕西秦国陵园也属于同样的僭越行为。只有2002年发现的周王城广场天子驾六车马坑，才是周礼的真正体现，它不仅印证了古之天子驾六马的乘舆制度，也成为东周王城陵区的坐标。

身份不等的人，乘坐的车马规格也有严格区别

秦汉时代是车马礼仪发
展的高峰时期

　　秦汉时代是车马礼仪发展的高峰时期，在目前国内出土的汉代画像石、墓室壁画等实物都为研究车骑礼仪制度提供了丰富资料。

　　秦始皇统一中国后，以为自己"德兼三皇，功过五帝"，自称"皇帝"。他一生五次出巡，车队浩浩荡荡，有前导、后卫、护从、伴驾，并各按一定的礼仪紧紧相随。其车辆制作之精美、装饰之华丽和车队规模之大，超过了夏商周以来的所有君主。刘邦在看到秦始皇威武壮观的出巡场面后，曾不由自主

秦陵兵马俑二号坑

地发出"大丈夫当如此也"的感叹。刘邦夺得政权后，建立西汉王朝，也形成了自己的銮驾制度。但西汉的銮驾制度主要是继承秦制，从秦演变而来的。

秦始皇在车制上进行了较大的改革，建立起一套严格的銮驾制度，即所谓天子出巡时的车队次序。皇帝出行，主乘是金根车，副车为五时车。金根车的规制十分豪华，前驾六匹马，《史记》中就有秦始皇"乘六马"的记载。之所以把皇帝所乘之车称为金根车，是因为根是载养万物的，只有皇帝才配得上乘这种车，加之用金装饰，显得更加豪华富丽。

　　比金根车次一等的是属车，即安车和立车，秦陵出土的铜车马即为安车和立车。属车又叫副车、贰车、佐车。五时副车，各以五色安车、五色立车配成五组，每组各代表一个时节或方位。一安车和一立车是一组，均驾驷马。东、西、南、北、中为五方；春、夏、仲夏、秋、冬为五时；青、红、黄、白、黑为五色。五方和五色的搭配是：东方是青色、西方是白色、南方是红色、北方是黑色、

战马恢恢

秦始皇实行的銮驾制度，对后
世影响深远

中央是黄色。

秦始皇实行的銮驾制度，对后世特别是对
汉代产生了重要的影响。《后汉书》中有对汉代
乘舆的描述，其装饰十分豪华，主要形制也是

秦始皇陵出土的战马俑

继承秦代乘舆而来。

今天，在秦始皇陵西墓道旁出土的一组两乘铜车马，恰好为一安一立，均为驷马驾车。马的通身为白色，车

我国古代的车马制度

车前驾四匹的骏马身材匀称，形体矫健

秦始皇陵战马俑

舆彩绘底色也为白色，所以，有人认为这两乘车是秦始皇出巡车队中象征西方的副车。秦陵铜车马的出土验证了文献中的记载并非虚妄，更让我们感慨于古人造车技艺的高超。

四、秦朝的"车同轨"与古代交通发展

深深的车辙

前面我们主要介绍了我国古代车马的发展状况，了解了车马的构造、乘舆制度，以及它们发展的历史。车马的行驶离不开道路。那么，道路如何能制约车马的行驶？"车同轨"中的"轨"是指我们今天说的"轨道"吗？我国历史上的"车同轨"又是怎么回事呢？

（一）什么是"车同轨"

西汉著名的史学家司马迁的《史记》在"秦始皇本纪"中有"一法度衡石丈尺，车同轨，书同文"的记载。这里的"一""同"是统一的意思。"车同轨"是秦始皇统一中国后颁行的一道法令。

古代的车是用木料制成的，车轮也是木制的，为了使车轮耐用，必须在木轮的外周箍上一层铁，为的是让车轮经得起与道路之间的摩擦。车子在道路上行驶得久了，车轮就会与泥地或石板地进行长时间的摩擦，因此会在路上留下两道深深的车轮痕迹，也就是车辙。车子在车辙中行驶得越多越久，车辙就越深，以后的车辆在这两道车辙中行走起来也就越快。反之，对于不能恰好套入车辙中的车子来说，道路就会崎岖不平，行驶起来也艰难得多。

古驿道上遗留下来的车辙痕

今天，在距河北石家庄30公里左右的井陉县附近，有一条古驿道，这条古驿道的历史可追溯到秦代。秦始皇以后，修筑了以咸阳为中心的驿道，井陉古驿道就是当时的主干线上的重要一段。这里群山环立，地势险要，是历代兵家必争之地。就是在这条古道上，我们能够看到两道深深的凹痕，从门洞下穿过，又长又深，镶嵌在厚厚光滑的基岩路面里，这就是古代遗留下来的车辙痕。两千年前的车子的车轮，实际上就套在这两道痕迹中行走。尺寸相符合的车能够

在古代，车马是身份地位的象征

在这两道车辙中快速地行驶，而不同尺寸的车轮就很难在这两道车辙痕中行驶。

在秦始皇统一中原之前，列国向来是没有统一的制度的。就交通方面来说，各国的车辆大小不同，两个车轮间的距离也就有大有小。一个国家的车轮距离与其他的国家不同，他国的车辆就会因为无法套进这两道车辙中而无法行走。战国时期，各国为了防御他国的入侵，在制造车子的时候都用自己的一套车轮，并有意将自己国家的车轮之间的距离设计得与他国不同。由于车辙距离的不同，外来车辆在道路上行驶就会受到阻碍，客观上成为抵抗其他国家入侵的一个有效工具。这种可以将车轮套进去行驶的车辙，就是轨。

秦始皇统一中国后，把这种不同的车辙道路统一为一种尺寸的车辙道路，将全中国的车轮距离一律改为六尺，这样，全国各地车辆往来就方便了，可以在各地道路上通行无阻。秦始皇的这一措施，就叫做"车同轨"。

除此之外，人们对"车同轨"还有不同的理解。有一种说法认为"车同轨"是要求车辆的形制要合乎礼制法规。我们在介

秦直道遗迹，虽已看不到车
辙，但至今仍不生长树木

绍古代的车马制度中也提到过，在古代社会，车马是身份地位的最高象征。只有士大夫、官僚贵族才有资格乘车，而且车辆的形制大小必须与车主的身份地位相符。因此，车辆的形制是古代礼乐制度的一个重要方面。秦朝建立后，对各种车辆的形制作出新的统一规定，要天下共同遵守，这正是秦始皇维护等级制度、加强皇权的重要措施。

（二）"车同轨"与古代交通

1. 先秦时期的古代交通

我国有着悠久而灿烂的文明史。早在先

灵渠是最古老的人工运河

秦时期，我国古代的交通就显示出了蓬勃发展的姿态。根据甲骨文、金文以及各种出土实物和文献的记载，在距今三千多年前的商朝，就已经出现了车马、步辇、舟船等交通工具。到了春秋战国时期，由于战争的频繁发生，各国纷纷修筑供战车通行的道路，并且在沿途设有驿站。中原各国陆地交通纵横交错，同时，利用长江、淮河和黄河等天然河道，以及相继开凿的人工运河，水路交通也发展起来。

在远古尧舜时，道路曾被称作"康衢"。西周时期，人们曾把可通行三辆马车的地方称作"路"，把可通行两辆马车的地方称作"道"，把可通行一辆马车的地方称作"途"。我们这里所说的道路，通常是指地面上供人或车马经常行走的那一部分。

可以说自从人类诞生后，就开始了路的历史。早在大约 170 万年至 50 万年前，在亚洲东部这块古老的土地上，就先后有了元谋人、蓝田人和北京人等原始人群生活着。我们的祖先在极端恶劣的自然环境和十分低下的生产力条件下，为了生存和繁衍，在与自然斗争的过程中，在中华大地上开辟了最早的道路。

历史发展到原始社会传说中黄帝、炎帝和尧、舜、禹担当部落首领的时候，各地的交通有了明显的进步。在公元前两千多年左右，我国就已经有了可以行驶牛车

黄帝的马车

和马车的古老道路。《尚书》中记载了这样一个故事：尧年纪大了，经过反复考验选择了舜作为自己的接班人，并将帝位传让给了他。舜登位后办的第一件大事就是"辟四门，达四聪""明通四方耳目"，二月巡泰山，五月去衡山，八月访华山，十一月到恒山。可见舜帝对发展交通、开辟道路是非常重视的。舜之后，帝位传给了夏禹。《史记》中记载夏禹"陆行乘车，水行乘船，泥行乘橇，山行乘"，足迹几乎遍布了黄河、长江两大流域，也从侧面反映了当时交通的发展状况。

商朝重视道路交通，当时不仅出现了许多交通工具，而且古代文献中也有商人修筑

大禹治水雕像

古代车马

周朝统治者在都城东邑修建了一条宽阔平坦的大道，号称"周道"

护养道路的记载。经过夏商两朝长期的开拓与发展，到公元前 1066 年至公元前 771 年的西周时期，可以说我国的道路已经初具规模。

周武王灭商后，除都城镐京（今西安附近）外，还根据周公旦的建议，修建了东邑（今洛阳），以便于控制东方新得到的大片疆土，对付商朝残余势力。为了有效发挥镐京、东邑两京的政治、经济、文化中心的作用，周朝统治者在它们之间修建了一条宽阔平坦的大道，号称"周道"，并以洛邑为中心，向东、北、南、东南几个方向又分别修建成等级不同的、呈辐射状的道路。周道是西周重要的交通中轴线，也可以说是西周王室的生命线。《诗经·大东》上说："周道如砥，其直如矢；君子所履，小人所视；眷言顾之，潸焉出涕！"意思是说在这条宽广平坦、笔直如矢的大路上，老百姓看到王公贵族掠走了他们辛勤劳动的成果，不能不伤心落泪。在我国古代交通发展史上，修建周道有着重大的历史意义。不仅周、秦、汉、唐的政治经济文化重心都是在这条轴线上，而且到了以后的宋、元、明、清各朝，这条交通线也仍然是横贯东西的大动脉，可以说，周道在我国经济文化发展的历史上，起着重

西周战车

要的奠基性的作用。

东周时期，社会生产力空前发展，农业、手工业与商业都兴盛起来。春秋大国争霸，战国七雄对峙，大规模的经济文化交流、军事外交活动和人员物资聚散，都极大地推进了道路的建设。除周道继续发挥其中轴线的重要作用外，在其两侧还进一步完善了纵横交错的陆路干线和支线，再加上水运的发展，把黄河上下、淮河两岸和江汉流域有效地连起来。

西周车马

2. 秦汉时期的古代交通

陆上交通网的形成，始于秦朝。早在秦国出兵扫灭六国的同时，秦王嬴政就开始着手整治各地私筑的高墙壁垒，拆除妨碍交通运输的关卡。秦始皇统一中国后，为了巩固中央集权，秦以首都咸阳为中心，沟通河渠，兴修驰道，建立了当时世界一流的全国水陆交通网。颁布"车同轨"的法令后，秦还把过去杂乱的交通路线，加以整修和联结，建成遍及全国的驰道，至此车辆便可以畅通无阻地行驶全国了。

秦朝的水陆交通体系是在以前历朝历代的基础上发展而来的。在第一次巡游咸阳以西之后，秦始皇就下令开辟专供天子巡行天下的驰道。关于驰道，我们还会在后面作专门介绍。除驰道外，秦始皇还进行了许多道路方面的建设。直道的修建加强了咸阳与北部边塞的联系；岭南新道的拓建，则把中原先进的生产技术和文化送到福建、江南、湖南、广东、广西等南方地区；五尺道的修建，加强了中原与四川、云南、贵州的文化和经济联系。众多交通干道的修建，对于全国性陆路交通网的形成，有着重大的意义。

　　在道路建设的同时，秦始皇还下令将各诸侯国内河渠上的截水堤坝及拉阻水道的设施全部决通，并以鸿沟为中心，疏通济、汝、淮、泗等河流。此外，他又在吴、楚、齐、蜀大兴水利，开凿灵渠，沟通了珠江、湘江、长江水

秦始皇下令开凿灵渠，大兴水利

古代车马
056

系，发展航运和灌溉。公元前 219 年，还派徐福等人出海，将内陆驰道与江、河、湖、海的航路互相衔接，构成全国一体的水陆交通网。

秦朝二世而亡，西汉建立了。汉朝继承秦制，陆路交通线除继承和维修了秦的驰道、直道外，还新修一些交通线，在秦朝原有道路的基础上，继续扩建延伸了以京都为中心、向四面八方辐射的交通网。如自西汉京城长安而东，出函谷关，经洛阳，至定陶，以达临淄，为东路干线；自长安而北，直达九原郡，为北路干线；自长安向西，

古丝绸之路遗址

抵达陇西郡，为西北干线；自公元前 2 世纪开通河西、西域后，这条干线可经由河西走廊，延长到西域诸国，这就是闻名中外的"丝绸之路"；自蒲津渡黄河，经平阳、晋阳，以通平城，为河东干线；自长安向西南经汉中，以达成都，并远至云南，为西南干线；自长安向东南出武关，经南阳，以达江陵，并继续南进，为南路干线。此外，还有一些支线和水运干线通向全国。

秦汉时期水运事业有了较大发展，秦朝挖掘的灵渠把长江水系和珠江水系连接起来，汉朝更进一步开辟了沟通东西方的海上航线。

秦汉时期，全国水陆交通网基本形成

灵渠遗址一景

秦朝的"车同轨"与古代交通发展

秦朝驰道复原图

秦汉时期，全国性的水陆交通网基本形成了。

3. "车同轨"对古代交通的影响

"车同轨"法令一经颁行，秦朝在交通建设方面也推行了一系列的措施。为了适应"车同轨"的要求，秦朝在把过去错杂的交通路线加以整修和连接的基础上，又耗费了难以数计的人力和物力，修筑了以驰道为主的全国交通干线。这项费时十年的工程，规模十分浩大，它以京师咸阳为中心，向四方辐射，将全国各郡和重要城市，全部联通起来。

秦朝驰道有统一的质量标准：路面幅宽为50步（约70米）；路基要高出两侧地面，以利排水，并要用铁锤把路面夯实；每隔三丈种一株青松，以为行道树；除路中央三丈为皇帝专用外，两边还开辟了人行旁道；每隔10里建一亭，作为区段的治安管理所、行人招呼站和邮传交接处。

据古书记载，公元前212年到公元前210年，秦始皇下令修筑一条长约1400公里的直道，命蒙恬、扶苏率20万大军，驻守边关，修建直道。这条大道沿途经过陕、甘等14个县，直至九原郡（今内蒙自治区包头市），仅仅用了两年半的时间就修筑完毕。建成后的直道宽度一般都在 60 米左右，可并排行驶 10—12 辆大卡车，最宽处甚至可以与今天的飞机起飞降落跑道相类比。

总之，"车同轨"的实现带动了我国古代的道路建设，客观上促进了古代交通的迅速发展。

（三）秦朝的驰道

秦始皇统一中国后，"车同轨"，兴路政，修建了大量的道路，其中最宽敞的道路，称为驰道，即天子驰车之道。驰道是中国历史上最早的"国道"。

公元前 221 年，秦始皇统一六国，统一后的第二年，他就下令修筑以咸阳为中心的、通往全国各地的驰道。著名的驰道有九条，有出今高陵通上郡的上郡道，过黄河通山西的临晋道，出函谷关通河南、河北、山东的东方道，出今商洛通东南的武关道，出秦岭通四川的栈道，出今陇县通宁夏、甘肃的西方道，出今淳化通九原的直道等。从《汉书·贾山传》中得知，秦驰道在平坦之处，道宽五十步（约六十九米），隔三丈（约七米）栽一棵树，

秦朝驰道示意图

秦朝的"车同轨"与古代交通发展

古轨路

道两旁用金属锥夯实，路中间为专供皇帝出巡车行的部分。

驰道是皇帝的专用车道，大臣、百姓，甚至皇亲国戚都没有权利在驰道上行走。这种驰道在秦汉时期也最为流行。

在今天的河南南阳的山区里，人们惊奇地发现了类似于今天"轨路"的古代轨路。经过科学分析，这种古代的"轨路"是两千二百多年前的秦朝遗留下来的。这种轨路的原理和现代铁路相似，还是复线，只不过它不是用蒸汽机车牵引的火车，而是用马力拉动的马车。在两千多年以前我国竟然已经有如此先进的交通设施，不得不令人惊叹，有人甚至认为这一发现的意义超过了兵马俑，是我国古代的又一"奇迹"。

现在铁路不是铁铸造的，而是轧制的钢轨。秦始皇时代的"轨路"当然也不是铁铸造的，而是用木材铺设的。做轨道的木材质地坚硬，经过防腐处理，至今尚保存完好。不过枕木已经腐朽不堪，显然没有经过防腐处理，而且材质也不如轨道坚硬，但历经两千余年，今天还能够看出其大致模样。

这里的路基夯筑得非常结实，枕木就铺设在路基上。这种枕木的材质比较软，专家认为这样的选择不仅仅是为了减少工程量，或单纯地为了广泛地开辟木材来源，而是一种有意识

如今的铁路枕木固定在钢轨上

秦朝的"车同轨"与古代交通发展

的选择。比较软的枕木可以和夯筑得非常坚硬的路基密切结合，从而使轨道平稳，车子在上面可以快速平稳地行驶。从中我们也可以看出古人极高明的智慧。

如果你曾经在铁路的枕木上走过，就会知道，两根枕木间的距离和人们的步子很不合适。一次跨一根显得步子太小，跨两根又太大，在枕木上走路很不习惯，速度也不快。但是经过测量，人们却惊奇地发现，秦始皇时期的"轨路"，其枕木之间的距离竟然正好和马的步子合拍。马匹一旦拉车到了轨道上，就不由自主地飞快奔跑起来，几乎无法停下。那么马车最后又是怎么停下来的呢？相关专家认为，当时一定还存在专门的车站，即在车站枕木之间有木材填充平整之地。马匹在这里喂饱喝足，休息调整，一旦需要，套上车就能飞驰，马不停蹄。到了下一车站，由于枕木之间已经填充平整，马很自然地就会逐渐减慢速度，最后停下来。这时候就可以换上另一匹吃饱休息好的马，继续飞驰前进。这样，马车在轨道上行驶起来的速度就会很快。由于使用轨道，摩擦力大大减小，所以马也可以一次拉很多货物。很显然，

古代车轮

古代车马

秦代马车轴套

这是一种效率极高的方法。公认的速度至少应该是一天一夜六百公里，更有的人认为是七百公里，这在当时已经是极快的速度了。拥有了这样的交通系统，难怪秦始皇可以不用分封就能够有效地管理庞大的帝国，并且经常动辄几十万人的大规模行动了。

有不少专家认为，该"轨路"是秦始皇灭楚国时修建的，目的是进行后勤补给。因为秦灭楚国时曾动用了六十万军队，后勤补给需求量一定很大，所以修建了这条轨路，以满足战争需要。但是也有人说，秦始皇灭楚国时使用

六马战车雕塑

过这条铁路固然不难想像，但单从技术上来看，这项工程也已经非常成熟，不是临时需要才想出来的，所以绝不会是个别的工程。

以前一般认为秦始皇修建的驰道是"马路"，现在看来应该是"轨路"，由于马匹在上面飞驰，故称之为"驰道"。历史记载秦始皇在统一中国后在全国建设驰道，依此看，在2200年前就已经形成了一个全国的"轨路网"。

当时的中国，广袤的土地上植被茂密，到处都是森林，也有良好的木材，这就为修建"轨路"提供了物质条件。如有损坏，随时随地可以取得木材修复，这是秦朝"轨路网"修建的物质条件。

《汉书》中说："秦为驰道于天下，东穷燕齐，南极吴楚，江湖之上，滨海之观毕至。道广五十步，三丈而树，厚筑其外，隐以金椎，树以青松。"在古代一般来说道路没有必要这样宽，因此有人猜测是马路和复线"轨路"并列而行。车子如有需要，可以随时上轨路，也可以随时由轨路上公路。在南阳山区发现的"轨路"，是单独复线，没有马路相伴。

在秦朝，我国的工业已经非常发达而且很科学，实现了标准化、系列化和通用化。秦国的工匠，每年制造 1600 万个一模一样

秦始皇驷马战车展现了千古一帝的雄风

的箭头。制造的弩，原理和现代的步枪完全相同，甚至零件的模样也和步枪完全相像。而且其生产同样是实现标准化、系列化和通用化的，拿起任何一个零部件就可以安装。

既然秦朝时就已经有了如此发达的"轨路网"，那么这个"轨路网"为什么没有流传下来呢？

许多人认为，秦朝末年的连年战争，对秦始皇的"铁路"造成了很大的破坏，汉朝皇帝没有能力为自己的御车配备颜色相同的马，许多将相只能坐牛车。由于严重缺少马匹，"轨路"被废弛了。没有车子在上面跑的"轨路"，反而成为了交通的阻碍，所以秦始皇的"轨路"，有的在战争中被毁，其余的绝大部分也在战后被拆，成

古代铜马车

古代车马
068

了普通的公路。汉朝的经济在很久以后才复苏，又长期实行无为而治，所以也一直没有劳师动众重修"轨路"。加上秦朝的驰道非常宽，因此在后来经济复苏中，许多道路被开垦为耕地，变窄甚至完全不复存在了。还有，秦朝的"轨路"是用于长途运输的，而汉朝长期分封诸侯，各地群众也没有长途运输的必要，运输线变短，也因此失去了修建"轨路"的必要性。原来人烟稀少的长途运输必经地，也已经失去了必要性。大概只有这些地方才能够得以免除被人为拆除和开垦并遗留下来，但也正因为人烟稀少

秦始皇陪葬坑内兵马俑众多

而不被人们注意。秦始皇的"轨路"也就这样逐渐失传了，以至于人们再也不记得曾经有过如此的辉煌。

但是今天看来，除了在个别地区外，别的地方目前还没有找到秦朝"轨路"的遗迹，说秦朝有过非常发达的"轨路网"，尽管是个非常符合逻辑的推测，但也只能是个推测。一般来说在人口稠密地区已经不大可能还有秦朝"轨路"的遗存了。但是如果秦朝的"轨路网"被证实，那么这必将是人类又一项伟大的工程。

五、秦朝"车同轨"的历史意义

秦始皇像

政治的稳定、经济的发展与文化的统一，都与交通条件有着密切的关联。交通的进步对于我们民族文化共同体的形成和发展有着重要的影响。"车同轨"的实现，提高了政权的行政效率，促进了不同经济区域的贸易往来，也消除了各地文化交流的障碍。在一定意义上，促进了秦汉时期的政治安定、经济繁荣和文化发展，也对后世产生了巨大的影响。

（一）秦始皇的统一措施

公元前221年，秦国先后灭掉韩、魏、楚、燕、赵、齐六国，建立了中国历史上第一个统一的、多民族的、专制主义中央集权制国家。秦王嬴政也成为了中国历史上的第一个"皇帝"。

统一中国后，秦始皇深感过去的国家组织机构已不能适应新形势的需要，于是采取一系列措施，调整、完善和加强中央集权统治。

首先改"王"为"皇帝"。春秋战国时期的最高统治者一般都称为"王"，但秦统一中国以后，秦始皇觉得自己的功德高过了三皇五帝，"王"已不足以显示其尊贵，遂

古代战车

而决定称自己为"皇帝"。自此,"皇帝"就代替"王"成为最高统治者的称谓,而秦始皇就成了中国历史上第一位皇帝。他自称为"始皇帝",并且希望自己的统治能够世代相传,其子孙后世相继称为"二世""三世","至于万世,传之无穷"。

其次是加强中央政权组织。秦王朝的中央政权是秦国原来的中央政权的延续和扩大,但官职的名称和权力有许多变化:最高统治者是皇帝;中央最重要的官职是丞相、太尉和御史大夫,三者分掌政权、军权和监察大权,互不统属。

秦始皇下令统一全国货币

再次是调整地方政权组织。统一后的地方政权组织，主要是推行郡、县、乡、亭四级行政组织。刚统一时，秦分天下为 36 郡，以后，随着边境的开发和郡治的调整，总郡数最多曾达 46 郡。郡设郡守、郡尉和监御史，三者分职明确，是与中央政权的"三公"明确分职的原则相一致的。

除了在政治上建立皇帝制度、建立专制主义中央集权以外，秦始皇在经济、文化等方面也做了重要的统一工作，包括统一货币、度量衡和文字。秦统一前，货币很复杂，不但形状、大小、轻重不同，而且计算单位也不一致。秦统一后，秦始皇下令统一全国货币，以黄金为上币，以镒为单位；以方孔有廓圆钱为下币，以半两为单位，称为"半两"钱，这种圆钱一直沿用了两千多年。

在秦统一全国前，度量衡方面的情况与货币相似，非常混乱。秦在商鞅变法时就对度量衡的标准作过统一规定。统一全国后，秦统治者以秦国的制度为基础，下令统一度量衡，并把诏书铭刻在官府制作的度量衡器上，发至全国，作为标准器。

战国时代由于长期处在分裂割据中，语

秦始皇在位期间，对度量衡的标准作出统一规定

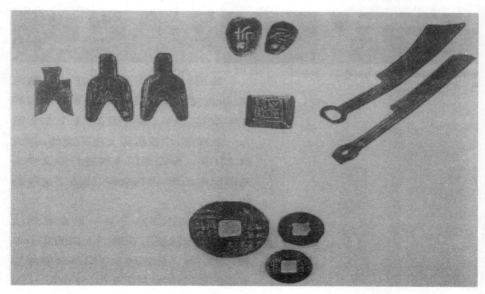

秦朝规定全国通用的文字为小篆，这一举措促进了文字的统一

言文字差异很大，而且东方六国的文字难写、难认，偏旁组合、上下左右也无一定规律，严重阻碍了文化的交流。公元前221年，秦世皇以秦国通行的文字为基础制定小篆，颁行全国，促进了文字的统一。

秦始皇还颁布了另一道重要的法令，就是"车同轨"。在统一中国的那一年（前221年），他就确立了以郡县制度为基础的新的专制主义政体，分全国为36郡，由中央政府主持，并进行了"治驰道"的伟大工

秦始皇陵兵马俑

秦始皇车马雕塑

秦朝"车同轨"的历史意义

程，形成了通达全国的交通网，作为"周定四极""经理宇内"的条件。战国时期各诸侯国在各地修筑了不少关塞堡垒，同时各国间的道路宽窄也不一致，影响交通往来。秦始皇下令拆除阻碍交通的关塞、堡垒，并且在公元前220年开始修建以首都咸阳为中心的驰道。公元前212年，秦始皇又下令修一条由咸阳直向北伸的"直道"，仅用两年多的时间即告完成。这些"驰道""直道"，再加上西南边疆的"五尺道"以及在今湖南、江西、广东、广西之间修筑的"新道"，构成了以咸阳为中心的四通八达的道路网。通过对道路和车轨宽度的统一，大大方便了全国各地的

独轮车

陪葬车马坑

交通往来。这些措施，对于消除封建割据、加强中央集权、巩固多民族国家的统一、发展封建经济和文化，具有重大而深远的影响。

（二）"车同轨"的历史意义

前面我们已经提到，"车同轨"的实现带动了我国古代的道路建设，客观上促进了古代交通的迅速发展。而交通的进步对于我们民族文化共同体的形成和发展有重要的影响。

政治的稳定、经济的发展与文化的统一，都与交通条件有着密切的关联。秦汉大一统王朝的建立，使中央政府直接管辖的区域大

铜车马

大扩展，加强统治的需要，迫使统治者大力改善交通条件。"车同轨"的实现，提高了政权的行政效率，促进了不同经济区域的贸易往来，也消除了各地文化交流的障碍。在一定意义上，秦汉时期的政治安定、经济繁荣和文化发展，是建立在不断完备的交通运输系统上的。

回顾秦汉时期交通发展的状况，我们可以看到，在这一历史阶段，联络黄河流域、长江流域、珠江流域各主要经济区的交通网

秦朝廷在"一法度衡石丈尺，车同轨"的同时，实现了"书同文"

"驷马"为一套车马的总称

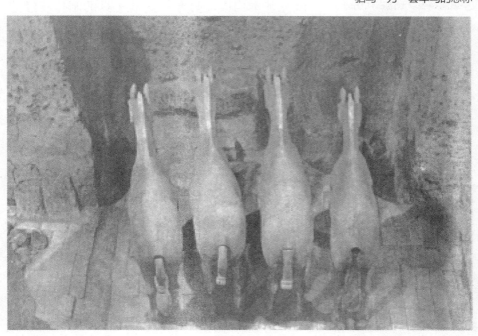

秦朝"车同轨"的历史意义

汉中褒河峡谷复原的古代栈道

已经基本构成，舟车等交通工具的制作已经达到相当高的水平，运输动力也得到空前规模的开发，交通运输的组织管理形式也逐渐完善，连通域外的主要交通线已经开通。正是以这些条件为基础，当时以华夏族为主体的多民族共同创造的统一的文化 ——汉文化开始初步形成。

汉代帝王也同样将交通建设看作执政的主要条件。在《汉书·武帝纪》中记载着汉武帝时开通往"南夷"地区的道路，平治雁门地区交通险阻等事迹。据《史记》中的记述，著名的褒斜道的经营和漕渠的开凿，也由汉武帝亲自决策施工。王莽通子午道，汉顺帝下令罢子午道、通褒斜道等史实，也都说明了最高权力中枢规划组织对交通工程建设的重视。交通建设的成功对于汉王朝开边拓地的事业有显著的意义。与汉地相隔绝的西域诸国之所以和汉王朝实现了文化沟通，与丝绸之路的开通有着密切的关系。汉武帝重视优良马匹的畜养，使军队的交通运输能力切实提高，后方的军需供应也得到保障，于是继而出师匈奴，改变了北边经常受到侵扰的局面。交通建设的成就，使大一统帝国

子午道

统治的广度和强度都达到空前的水平。

交通的进步，还使得行政效率得到保证。中央政府的政令，可以借助交通系统的便利，迅速、及时地传达到基层，因而大多能够有效地落实。每当遇到政务军务紧急的时候，还往往通过驿传系统提高信息传递的速度。正是以此为基础，大一统的政治体制能够成立并且得以维持。

交通进步为大一统国家经济的运行提供了便利。

秦汉大一统政权建立之后，海内连成一体，众多关卡禁限多被打破，富商大贾得以"周流天下"，四处行商，商品贸易发展起来，社会

汉代统治者重视优良马匹的饲养，使军队交通能力大大提高

古代车马

秦汉以来，众多关卡禁限被打破

生产和社会消费都冲破了原有的比较狭隘的地域界限。《史记》中说的"农工商交易之路通"就是以当时交通建设的成就为条件的。

利用当时的交通条件，政府可以及时掌握各地农业生产的实际状况，进行必要的规划和指导。当遭遇严重的自然灾害时，可以调动运输力量及时组织赈救。安置流民以及移民垦荒等政策，也是通过交通方式落实的。

秦汉时期交通成就对于经济发展的有力推动，还突出表现为当时商运的空前活跃。物资的交流极大地繁荣起来，也使得经济生活表现出前所未有的活力。以繁忙的交通活动为基础

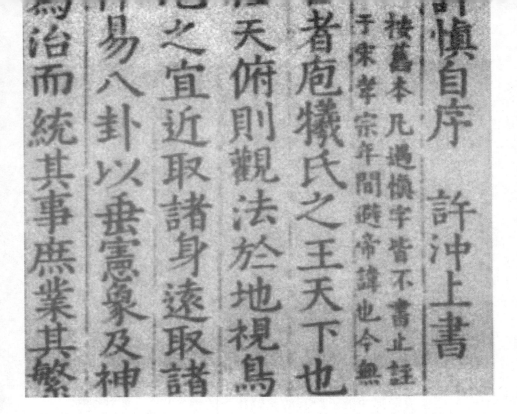

許慎自序　許沖上書

據舊本凡遇慎字皆不書正誤

于宋孝宗年間避帝諱也今無

者庖犧氏之王天下也

天俯則觀法於地視鳥

之宜近取諸身遠取諸

易八卦以垂憲象及神

為治而統其事庶業其繁

许慎在《说文解字》中对战国时期的文化形态进行了评述

的民间自由贸易，冲破政府抑商政策的重重阻碍，对于秦汉时期的经济繁荣表现出显著的历史作用。

交通进步又为大一统国家文化的发育创造了条件。

东汉著名学者许慎在《说文解字》中，曾经这样评述战国时期的文化形态："分为七国，田畴异亩，车涂（途）异轨，律令异法，衣冠异制，言语异声，文字异形。"就是说，在战国时期七国纷争的时代，各国之间田亩不同、车轨不同、法律不同、服饰不同、语言不同、文字不同。秦始皇会稽刻石中则写着"远近毕清""贵贱并通""大治濯俗，天下承风""人乐同则，嘉保太平"，这一篇文化统一的宣言，告示天下要树立无论"远近""贵贱"都共同遵守的所谓文化"同则"的决心。秦汉时期大一统的政治环境为各地区间文化的交流和融会创造了条件，而在"车同轨"实现后，交通状况迅速改观，特别是汉武帝时期交通的快速发展，为新的文化共同体的形成创造了条件。

事实上，在秦始皇时代之后，各地区间文化的进一步融合，是在再一次出现交通建设高潮的汉武帝时代实现的。

秦始皇会稽刻石

秦朝"车同轨"的历史意义

《开通褒斜道刻石》

汉武帝在多处凿山通道，使河渭水运也达到新的水平，又打通了西域道路，令汉王朝的威德播扬直至中亚地区。正是在汉武帝时代，起源不同而风格各异的楚文化、秦文化和齐鲁文化大体完成了合流的历史过程。也正是在汉武帝时代，秦隶终于被全国文化界所认可。虽然"书同文"的理想很早就产生了文化感召力，但文字的真正统一，在汉武帝时代才得以真正实现。汉武帝还推行了"罢黜百家，表章六经"，也就是推崇儒学，压抑其他诸家学说的文化政策，促使中国文化史进入了新的历史阶段。这一重大历史转变的完成，是与一代又一代游学千里的文化传播者们的交通实践分不开的。

虽然汉武帝时代交通建设的成就为统一的汉文化的发育提供了较优越的条件，虽然从司马迁的记述中，仍然可以看到各地文化风情的显著差异，但各地区的文化差异，已经随着交通的进步而较前代明显弱化。

在西汉晚期至于东汉，黄河流域已经大致归并为关东（山东）和关西（山西）两个基本文化区。由于各地文化基础差异以及相互文化交往尚不充分，以致两个基本

文化区人才素养的倾向也表现出显著的差异，这就是所谓"山东出相，山西出将""关西出将，关东出相"。东汉以后，由于军役往来、灾民流徙、异族南下、边人内迁等特殊的交通活动的作用，文化融合的历史进程进一步加速了。

从语言上看，在汉朝，许多关东、关西方言已经逐渐趋于统一。魏晋时期以后，中国实际上出现了江南和江北两个基本文化区并峙的局面。中国历史上大的文化区划，后来又有了"南方"与"北方"的分别，以至于今天的"沿海"和"内地""东部"和"西部"的说法。东部地区或者沿海地区，有较好的经济文化发展的

交通的进步使文化融合的进程得以加速

车辙

条件，其中包括了交通方面的优势。而"沿海"地方之所以基础优越，还加入了海外交通便利的因素。

综上可见，交通的发展对于国家的进步有着重要的历史意义，而"车同轨"的出现又在中国古代交通的发展史上闪耀着特殊的光芒。

"车同轨"的实现，使全国车辆开始使用同一宽度的轨距，这也就意味着车上的主要零部件都有了统一标准，部件的更换也更加迅速方便。这种"标准化"的要求和方法

"车同轨"的实现，意味着从轨距到车马部件都有了统一标准

无论在当时还是今天看来都是很先进的，它适应了秦朝全国土木工程和战争等方面长途运输的需要，对道路修建方面提出了更高的要求，具有巨大的经济价值和社会效益。这也是"车同轨"的又一项历史功绩。

六、文化视野中的古代车马

我国的古代车马不仅是古代交通发展史上一颗璀璨的明珠，也是承载了我国几千年文化的历史宝藏。在遥远的古代社会，车马是古代人们出行、作战乃至生活的必备用品，而经历了漫长的时间洗礼，车马已经从古老的交通工具演变为一种传统文化的载体。无论是在考古发现中，还是在古代汉字的生动图形中，我们都能找寻到古代车马的历史痕迹。古代车马文化也是我国传统文化不可或缺的一部分。

（一）考古发现中的古代车马遗存

我国古代的车马历经了几千年的历史，今天仍然能够生动地再现在我们的面前，一

汉代画像石《车马出行》

殷墟车马坑

方面是依靠古代文献中对车马的描述，更重要的还是要得益于考古学的发现。

殷代的车子，考古屡有发现，其结构基本定型，应该距它最初发明的时间已有一个相当长的阶段了。古文献中说夏代就发明了车，但是至今未发现夏代车的遗存。殷墟考古发掘的殷代车马坑是华夏考古发现的畜力车最早的实物标本。

从以殷墟为代表的商代车马出土实物来看，商代车多为木质两马驾车，前有一衡两辄，车舆较小，一般为长方形，轴贯两轮，辐条多为18根。相比之下，西方同时期的

殷墟车马坑

车马文物很罕见，车制也明显落后。

西周至春秋战国时期近千年的历史，中国古车在车制和装饰方面日趋完备，许多设计原理和机械造型对现代设计不无启发。众多出土文物中，以河南辉县出土的战国车最为典型，其轮子的设计技术令现代人惊叹。那时的古人已经能用科学的力学原理来设计轮缘装置，使作用于轮子的力能够平均分散到轮缘上，增加了轮子的耐用性。"察车自轮始"，轮子的制造质量至关重要，我国先民在春秋时期已经总结出一套科学的工艺检验标准，在《考工记》一书中有详尽的记载。

最能体现中国古代制车技术的是20世纪80年代出土的秦陵铜车马，即1号、2号车马的形制和装饰，充分体现了秦代高超的造车技术。文献中记载的古代制车工艺都在它们身上得到了解读。典型的例证如《考工记》中的"短毂则利，长毂则安"，意思是说，短毂的车轮轴和毂的摩擦面小，车轮转动时阻力小，车速快；而长毂的车轮要比短毂的车轮摆动幅度小，长毂有助于减震、增加车的稳定性。研究者经测量比较发现秦陵1号铜车之毂长短于2号铜车的毂长，因为1号铜车是立车，战车形制，用短毂；而2号铜车为安车，乘者地位尊贵，坐乘用的，当然用长毂以求平稳了。秦陵铜车马的许多设计工艺在今天看来仍然是科学的、先进的。这些车马的制作方法与《考工记》中的记载也都是吻合的。

（二）古代车马中体现的设计观

宋代理学家程颐说"天下无一物无礼乐"，是说一切器物都是从"礼"和"乐"的意义上来设计的。前面我们介绍过古代的车马制度，知道了古代车马象征着乘车人的身份与地位，在使用中有着严格的规

古代车马是乘车人身份与地位的象征

定。同样，古代车马的设计也有自己的一套规矩。小到一个装饰，大到车舆的尺度，无不体现着森严的等级规划和处理法则，不得擅越雷池一步。因此，正确地解读古代车马的设计观念，要结合当时的历史文化背景。

中国古代车马的礼仪在商周即已确立，秦汉时代是车马礼仪发展的峰巅时期，秦陵铜车马是可以考证的典型实物，还有目前已出土的众多汉代画像石、墓室壁画、帛画上也能看到"造车图""车马出行图""车骑狩猎图"等，从而为研究汉代的车骑礼仪制度提供了丰富的资料。

著名的如山东嘉祥洪山出土的《造车图》，

铜车马仪仗俑队列

山东沂南画像石墓的《车马出行图》，长沙马王堆三号墓出土的帛画《车马仪仗图》、山东武氏祠墓出土的《车骑出行画像石》等，这些耀武扬威的古代出行、出游场面是墓主人身份的象征，是当时社会状况的鲜明反映。

在阶级社会中，标志身份地位的象征物很多，如服装、建筑、日用品等，但是车马在中国古代是最高级的器用，周人制定了严格的车马礼仪，用来巩固和维护天子君王的等级秩序和特权。

阴阳五行学说在古代车仪文化中的体现也是不容忽视的，五行学说孕育于中华

座乘者谓之安车，倚乘者谓之立车

文明肇始之初，成长于春秋战国学术繁荣之时，战国时期齐国邹衍的提倡更使其深入社会生活的方方面面。以秦车为例，统治者不仅制定了严格的卤薄制度，还设立了不可僭越的车行仪仗的等级。在车马的装饰色彩方面，这种观念尤为明显。秦陵1、2号铜车马的图案，以白色做底色和基调，间以蓝、绿等十余种冷色勾勒图案，设色淡雅，繁而不乱，这种以白色为主的基调正是"东青龙、西白虎、南朱雀、北玄武"的西方之色，在秦陵考古现场，由五色安车和五色立车组成的十辆副车中，1、2号铜车恰恰位于西方，连马也是白色基调，与"各如方色，马亦如之"的要求吻合。

当然，中国古代车马的产生发展是特定历史时期的产物，随着车战的消失、各种交通工具的发展，双辕车取代了独辕车，牛车增多，礼仪繁缛的马车渐渐冷落下来。公元前307年，赵武灵王"胡服骑射"揭开了单骑的历史，到隋唐时，骑马之风更日渐兴盛起来。

虽然现代社会已经充斥着各种高效率的交通工具，现代设计师也不会再去设计车马，但是，中国古代的许多朴实的造物原则和设计思维并没有完全被摒弃。尽管生活方式变化了，潜在的象征文化却一直在影响着中国

独轿车

甲骨文"车"字

的现代设计。我们相信，理解并发扬古代设计文化的精华，对现代设计理念的开拓必定大有裨益。

（三）汉字与古代车马

中国是最早使用马车的国家之一，相传大约四千六百年前的黄帝便创造了车。刘熙《释名》说："黄帝造车，故号轩辕氏。"到了夏禹的时候，负责管理车的官员奚仲改进了车的形制，开始以马驾车。此后，马车便在交通、运输、战争及礼制等方面扮演着重要的角色。考古资料显示，商朝晚期马车的使用已非常普遍，马车的制作工艺已相当高超。而当时也正是汉字体系走向成熟的关键时期，丰富的中国古代车马文化，必然会在汉字形体中留下印迹。

"车"字在甲骨文中有许多种不同的写法。在西周金文当中，"车"的简写字体与现在"车"的繁体字"車"结构就基本一致了。而至今所见到的最复杂的"车"字，莫过于刻在商代晚期青铜器"车父己簋"上的"车"字。这一字形生动形象地反映了古代马车的基本形制：字形下部贯穿左右的一横像车轴形；车轴上有三个构件，其中两

金文"车"字

边的像两个车轮，位于两轮中间的像车舆之形；车轴两端分别有两个短竖，这是用来固定车轮零件的，叫做辖，其作用是管着轮子，不让它们从车轴上滑脱，所以"辖"字后来可以指管辖的意思；与车轴成十字相交、贯穿上下的一竖像车辀，车辀就是车辕；车辀上部横置的弓形构件像车衡，车衡即固定在车辕前端的横木；车衡上有两个"人"字形的构件，是车轭，车轭呈倒叉形状，可以夹在马的脖子上，从而使马带动马车前行；位于车衡两端下垂的构件像系在车衡上的饰物。

周朝金文"车"字

在这一字形中，几乎车的所有重要零件都刻画出来了，可见其描绘之细致。

金文中还有一个"车"字，与上面提到的"车"字基本相同，但角度稍有区别，其字形的上部朝右侧弯曲，这体现了车辀的特殊形制。《考工记》中记载说："凡揉辀欲其孙而无弧深。"通过这一描述可以了解到，古代的车辀并不完全是直形的。车辀是一根用火煨烤而成的整木，压在车舆下面的部分与舆底平行，探出车舆底座的部分呈浅弧形，逐渐上扬，至顶端又趋于水平，整个外形就像一个左右拉伸开的"Z"字形。制作车辀时，要让它的弯曲处自然顺畅，不要有太深的弧度。这个"车"字正是从一个特殊的视角，巧妙地反映了车辀微曲上扬的姿态。

车上最重要的部件莫过于车轮了。据说古代的圣人从转动的飞蓬中得到启发，从而发明了轮子。但单纯的轮子只能转动，不能载物，所以圣人又制造了车厢，安置在轮子上，于是便有了车。且不论"观蓬为轮"说是否可信，但车轮的发明，一定与古人对圆形物体便于旋转的生活经验有关。"轮"字是从车、仑声的形声字，其声符"仑"同时又兼表意义。汉代的《释名》是专门解释事物名称来源的书，该书解释"轮"字

古代车轮

车厢安置在轮子上便成为车

说："轮，弥纶也。周匝之言也。"之所以可以用纺车的线纶来解释车轮，是因为它们具有共同的特点：一方面它们的功能都必须通过旋转而获得，另一方面线圈的缠绕和车轮辐条的分布都必须很有条理。《说文段注》说："三十辐两两相当而不迤，故曰轮。"《考工记》中关于制作车轮的技术要求有十条之多，其中很重要的一条，就是要用悬线察看相对应的辐条是否笔直，三十根辐条要两两相对而不倾斜，才能达到要求。可见，旋转和有条理，是车轮得名的两个重要依据，而这两层含义都是由"轮"的声符"仑"表达的。《说文》："仑，理也。"《康熙字典》："仑，叙也。""仑"的

古代车轴构件

繁体字作"侖"，从亼从册，是个会意字。亼，义同"集"。亼册就是把用竹简编制的简册卷积起来，所以"仑"既有条理的意思，又有旋转的意思。还有几个以"仑"为声符的字也与"仑"的这些意义有关。如"伦"是人的不可混淆的辈分、长幼次序，"论"是有条理有层次的语言，"沦"是有条理的水的波纹，等等。这些字都可以和"轮""纶""仑"构成同源关系。了解了"轮"字的声符"仑"所提示的意义，我们对车轮名源的理解也就更深刻了。

车的另一个重要部件是车轴。《说文》中解释"轴"为："所以持轮者也。从车，由声。""轴"

草原上的勒勒车

是一个形声字，其声符"由"同时也兼表意义。"由"是从的意思，可以表示一件东西从什么地方出来。"轴"与同声符的"抽""袖"是一组同源字，它们都含有从什么地方出来的意思。"抽"就是把一件东西从别的东西中拉出来；而衣袖的"袖"得名的原因，也就在于它们是筒状的，两臂可由其中抽出。同样，车轴的得名，也是因为它可以从轮毂中抽出来。《释名》说："轴，抽也。入毂中可抽出也。""轴"的这一意义特征，与古人对车轴的保养意识有直接的关系。古时候的车轴多为木制的，车轴伸出车轮外面的两端很容易被撞坏，为了保护轴头，人们用金属制成两个圆筒状的套，套在两端的轴头上，这种零件叫軎。《说文》："軎，车轴岿（即"端"）也。从车，象形。"軎上和车轴的两端有对穿的孔，将两轮装在车轴上之后，用一个插销从孔中穿过去，以防止车轮和軎从车轴上滑脱，这个插销就是前面所说的辖。辖虽然是一个小零件，但却是行车的关键；没有车辖，车轮就会脱落，由此可见车辖作用之重要。

由于车轴肩负着承载整个车身及货物的任务，容易断裂，所以古人很注意保护车轴，不用的时候便将车辖取下，卸下车轮，以减轻车轴的负担。而卸下车轮，就相当于把车轴从轮中抽出，"轴"字的命名就包含有这层意思。《说文》还收了一个"车"字的籀文形体，从两车两戈。《说文》中解释说，车上所配备的兵器，最早的就是戈，所以"车"字中可以增添部件"戈"。今天看来，配备有戈的车无疑是古代的战车。河南淮阳马鞍冢出土的古代战车，车厢上就设有专门插戈的圆筒，正好与此字形相印证。

古代的战车多用马驾。驾马的数量有

古代车轴上的构件

一车六马的行车级别只有天子才能享受

二、三、四、六不等。《说文》中"骈""骖""驷"分别表示驾二马、三马、四马，这几个字的意义都跟它们的声符有关。"骈"字从"并"得声，含有"两个并列"的意义特征。"骖"字从"参"得声，《广雅》："参，三也。"因而"骖"就有了"三"的特征。"驷"字从"四"得声，《说文》："驷，一乘也，从马四声。"由四匹马拉的车称为一乘。《论语》中说："驷不及舌。"由四匹健壮的马所拉的车，其速度之快可想而知，但它还是赶不上舌头的速度，这话是告诫我们说出的话就难以收回了，所以要出言慎重。成语"一言既出，驷马难追"就源于此。驾六匹马的是级别最高的车，只有天子才能使用。在春秋战国时期，战车的多少是一个国家强弱的重要指标，"千乘之国"便是大国，"万乘之国"要算是超级大国了。

除了马拉的车之外，古代还有使用人力的车，不过这种车一般不用于作战，反作为代步工具。用人拉的车叫"辇"，其甲骨文字形和金文字形均像二人挽车之状。《说文》："辇，挽车也。从车，在车前引之也。"又说它"从二夫"，"二夫"本来就是从两个"人"字演变而来的。实际上，拉车的人数并不止两个，据《司马法》记载："夏后氏二十人而辇，殷十八人而辇，周十五人而辇。"到了秦汉之后，辇逐渐演变成皇室专用之物，成为了皇权的象征。

古代战车

"御"是六艺之一

（四）六艺中的"御"与古代车马

"六艺"是中国古代儒家要求学生掌握的六种基本才能，即礼、乐、射、御、书、数。最早出自《周礼》："养国子以道，乃教之六艺：一曰五礼，二曰六乐，三曰五射，四曰五御，五曰六书，六曰九数。"

先秦时期的学校，有国学（贵族学校）和乡学（平民学校）两种。这两类学校，都设置"六艺"课程，包括：礼、乐、射、御、书、数。御是其中的一艺，即学习掌握驾车本领。

御，所驾的是马车，先有单辕，较晚才出现双辕；用马有单马、双马、四马乃至六马。国学和乡学所学的驾车技术，基本要求是一致的，共有五项，古书中称为五御，即鸣和鸾、逐水曲、过君表、舞交衢、逐禽左。例如过君表，指驾车经过君王的跟前，应该注意的驾驶技术。平时训练，选择地段，设置路障，车辆经过，要求不碰撞障阻，从容而过。熟练以后，经过君王之前，就能做到平稳、安全、迅速通过，既不慌忙出乱，又表现出稳重、仪礼、对尊者的敬重。可见，学好御艺也不容易，却又是人人都需要学会的技术。古时，卿为君御，士大夫为卿御，弟子为师长御，都很常见。周礼还称，娶

妻之礼，新郎要亲自驾车接新娘。

庞大的战车队阵

古人对"御"的重视，从孔子的话中可见一斑。《论语》中有这样一段记载：

达巷党人曰："大哉孔子！博学而无所成名。"子闻之，谓门弟子曰："吾何执？执御乎？执射乎？吾执御矣！"

看来，就连博学的孔子在面对赞美之词时也谦说，自己最擅长的，恐怕只是驾车而已。

驭车是一项很复杂的技术，既要灵敏、机智，又要求有相当大的臂腕力量，才能使六辔在手，指挥如意。据《穆天子传》记载，西周时驭车技术最高的是造父，他是周穆王的车夫。

文化视野中的古代车马

泰豆氏并未教造父如何驯马驾
车，却让他先练习梅花桩

周穆王是一个喜欢游历的君王，他坐着一辆八匹骏马拉的车子，由造父驾驭，周游了天下的名山大川。

造父能成为一名有名的驭手，他的驾驭技术不仅得自于名师的指点，也源自于他自己的勤学苦练。《列子》一书上说，泰豆氏是一位有名的驾驭教师，造父不远千里来投泰豆氏门下学御，但泰豆氏并未教他如何驯马，如何赶车，却教他在梅花桩之间穿来穿去：梅花桩之间仅可容身，稍有不慎就会摔伤。造父坚持按照师父的指点去做，经过一番刻苦的训练，终于能够在木桩之间自由来往了。泰豆氏看了造父的进步，很高兴，告诉造父说，赶车子就是要心手合一，眼睛不看马却能知道马奔驰的情形；手里握着六根辔头，心里想到哪里，手中的辔头就按心里想的指挥，这叫得心应手，只有这样，才能成为一个好驭手。

据《韩非子》记载，王子期是战国初年著名的驭手教师。赵襄子请他教驭车，学了一年，赵襄子自以为把王子期的驭车本领都学会了，便选了上好的马和车与王子期比赛，结果却是王子期赢了。赵襄子以为车夫套错了马，便和王子期换了车马再次比赛，结果还是王子期赢了。于是赵襄子勃然大怒，责备王子期教自己驭车技术有所保留。王子期答道："驭车技术，臣已经毫无保留地教给君

成吉思汗战车雪雕

文化视野中的古代车马
119

古老的驭马术在今天仍闪烁
着神秘的光芒

主您了，只是在运用上君不如臣罢了。"还说，"车的速度是靠马来驾驶的，驭手要善于使马尽其力，而君王不照顾马力，一心按照自己的意志争先奔驰，所以失败了。"

赵襄子和王子期赛车的故事，说明了战国时期社会上已有了赛车活动。战国初年，车战战术废弃了，驭车便由战斗的技能演变为社会的娱乐活动。这种活动不仅在赵国贵族中极为盛行，在齐国也是这样，而且还伴随着赌博，一次下千金的赌注。

除了赛车，赛马也是当时一项流行的活动。齐国的大将田忌经常输给齐王。后来他用了孙膑的计谋，即"以君之下驷与彼上驷，取君上驷与彼中驷，取君中驷与彼下驷"的优选法。田忌用下等马同齐王的上等马赛，输了；用上等马与齐王的中等马赛，赢了；用中等马与齐王的下等马赛，又赢了。结果以二比一赢了齐王千金。这就是我们所熟知的"田忌赛马"的故事。

随着战车的军事价值的降低和骑马的方便，驭车逐步在社会上消失了。但是作为一种文化现象，古老的驭车术在今天仍然闪烁着古老而神秘的光芒。